수도원에 두고 온 가방

이소애 시집

문학의전당 시인선
0272

수도원에 두고 온 가방

이소애 시집

문학의전당

내가 당신의 시 속에서 반백년을 살아왔으니
나도 '시인'이라 불러주오.
창창한 세월 괴로울 때나 힘들 때,
병들어 있을 때나 죽는 그날까지
당신을 사랑하겠노라고,
다시 맹세합니다.
우린 부부입니다.
—박도식

시인의 말

반백년,
갖은 풍상 함께 겪어온 당신은 내 자서전입니다.
우리들의 사랑,
세상 그 어떤 잣대로 가늠할 수 있을까요?

이제 슬슬 혼자 떠나는 여행을 연습해 보렵니다.
마지막이라는 말 아껴 쓰자는 당신, 동의합니다.

얼마나 추워지면 꽃잎이 떨어질까요?
하늘과 땅의 경계가 무너질까요?
때때로 섭섭함 짙어가고 혼자라는 외로움 스밉니다.

반백년, 위로의 말로 다독여준 당신이 고맙습니다.
내 곁에 향기로 맴도는 그대 있어
오늘 행복합니다.

2017년 늦가을
이소애

차례

제2부

제3부

제4부

제5부

제1부

양팔저울

한쪽 접시에 눈물 일흔네댓 방울 올려놓고, 눈금 맞추려 또 한쪽엔 잔별 일만 팔천 개를 올렸습니다 바늘은 끄떡도 하지 않습니다

월명공원 갯바람 열댓 필을 올려도 그대로입니다

돼지감자 꽃잎에 밤새 내린 이슬이 반짝, 처량해 그 빛 몇 방울 저울에 올렸습니다

이제야 양팔이 수평입니다

무창포 해당화

핸드 드립 커피 향처럼 진한
해당화 꽃잎을 본다

손가락셈으로 반백년 거슬러, 오월
바닷길 열리는 신비한 무창포에서 남자는
30촉 불빛 아래 엎드려
각서를 썼다 달빛이 실눈으로 훔쳐보다가
문고리를 잠그고 숨어버린
그날,
사랑한다, 사랑한다 천만 번 쓰고
여관방 아랫목을 덥혔던
그 맹세 굳게 믿었다
다홍치마 초록저고리 신방 차리자는 말
앞마당에 핀 해당화가 증인이었다

파도 발자국에 낀 갯바위
반백년 모진 바닷바람을 품고 살았겠다
여관 간판은 보이지 않고

무창포 해당화만 나를 기억하는 듯
곱게 피어 있다

무량사 꽃살문

잠이 오지 않는 날
나름대로 침대 위가 훈훈한 밤에는
대웅전 꽃살문 스치는 바람 소리를 냅니다, 라는
공광규의 「무량사 한 채」를 읽었던가,

만수산 무량사 보러 갔다
보약보다 효과가 있을 것이라는 기대와
무딘 감정 되살리려 나섰다
어지럼증 조심하라는 말도 들리지 않는 날
귀 크게 열고 곱게 늙은 절을 밟았다
우화궁을 지날 무렵 산새 소리에
바람 스치는 소리 끊겼다, 또 들렸다

가만,
까마득해서,
침대 위 훈훈한 바람 소리를 잊고 살아서
길 나섰던 꽃살문 여행

반백년

시들지 않았으니 꽃이라 불러주오
아직 불타는 사랑 기억하고 있으니
예쁘다 말해주오

내가 아픔 견디지 못할 때
붉은 힘 솟던 따뜻한 가슴 기억합니다

당신, 절망의 늪에서 허우적거리니
한 뼘 허리끈이 아프게 파고듭니다

먹구름처럼 미움이 덮쳐올 때
후회의 실꾸리 반백년 되감고 싶을 때
당신을 떠올립니다

반백년 피워온 사랑, 마주보지 않아도
서로 환합니다

늦바람

달력에 색연필로 그린 동그라미
남편은 병원 가는 날이냐 묻고
아들은 무슨 모임이 있느냐 묻습니다
결혼기념일이라고 내 입으로 말하고 싶지 않아서
♡를
짙게 더 크고 빨갛게 그렸습니다

종소리를 더 멀리 내보내기 위하여
종은 더 아파야 한다, 는 이문재의 「농담」을 읽다가
내가 종이 되어 아프게 울다가
그만,
톡톡 터지는 석류 알에 키스를 합니다

귓불에 더운 바람 불어주는 유혹에
옛 생각 길어 올리는 긴긴 밤
추워서 고뿔든다고 달이 털목도리 목에 감고
주섬주섬 내 품에 안기는 겁니다
목울대 꿈틀거리며 첫날밤처럼

외겹 이불 속을 훈훈하게 덥힙니다

머리말 빈 베개 위에 놓인 시집 한 권이
진하게
꼬드긴 황홀입니다

나무와 나무 사이

그림자 서로 밟지 않을 만큼
소슬바람에 숨소리 전해질 만큼
어쩌다 눈빛만 보아도 뜨거움 느낄 만큼
눈가의 물빛만 보아도
가슴 찡하게 울려올 만큼
손잡지 않아도 서로 온기를 느끼는
사이

부둥켜안지 않아도 언제나 느끼는
내 마음 항상 당신 뜻대로 바꿀 수 있는
눈으로 보고 마음에 담는, 그 간격
나무와 나무 사이

각방

사과 한 알
두 조각으로 갈릴 때
천둥이 울고 비바람 치던
숱한 밤을 생각했다
빈 가지에 매달려 울었다

썩어가는 고통 몰래 견디려는
반쪽의 우격다짐
각방에서 아침을 맞기로 한 사과,
어쩌다 달빛 기웃거리는 밤이면
건넌방 소식 궁금하기도 했다

건지산 소쩍새 날아와
살짝궁 서럽게 음표를 달고 가면
끊긴 은하수는 다시 흘렀지만
방과 방은 멀기만 했다

회고

전주천과 삼천이 합류하는 곳
둘이 하나 되라는 신의 말씀 들렸지

소용돌이치는 물살이 여울을 만들면
간밤을 뜬눈으로 꼬박 지새웠지
빈 의자에 나앉은 아침 이슬처럼
스러질지도 모를 청춘이 두려웠지

세렝게티 초원에서 포옹하고
킬리만자로 만년설 꽁꽁 뭉쳐 손에 쥐어주던
당신 든든했지
빅토리아 폭포 소리보다 큰 사랑의 목소리
굳게 믿었지

암만 생각해도
반백년이 꼭 반나절만 같지

빛의 부스러기들

햇살이 아프게 눈을 찌른다 들숨 날숨 절벽 아래는 개망초가 기침 소리로 번지고 있다

절박한 건 삶을 포기하고 싶은 유혹이다 가시밭을 지나는 구름 치마가 찢어진다 영혼이 짓이겨지는 순간, 현기증이 머릿속에서 시간을 돌리고 있다, 살아야 할까?

빛의 부스러기에 찔려 흔들리는 시야에 오래 눈을 준다 질끈 눈 감는다 파도는 언어를 낚시하는 악기다 그 부스러기들,

절뚝거리는 남자의 목소리는 바람이 업고 가고 있다, 사랑한다는 말 참 어려웠다 당신은 울먹였고 나는 울음을 참고 있다

유리창에 부서지는 빛, 부스러진 것들은 어디에서 죽을까?

참회

장롱서랍 속 결혼반지가
손가락 마디에 걸리네

화병에 꽂아놓고 꽃피운 한 다발,
세월에 시들까
밤낮 없이 노심초사했네

화장대 거울 속
화장기 없는 내가, 나를
물끄러미 바라보네

한순간 지나버린 반백년
휜 꽃대가 만든 매듭이 아프네

이제 결혼반지는 손가락 마디를
건너지 못하지만
나를 지켜보아주는 이 그대뿐이네

오래 묵을수록 활활 뜨거울 줄을
미처 몰랐었네

풍금 소리가 들리는 바다

풍금 소리를 더 멀리 내보내기 위해 부서지도록 건반을 눌렀다 건너뛰다가 이어지던 파도 소리 아직 유효하다 기억 속 남자는 파도처럼 울었다

선착장 장돌뱅이처럼 울대 찢는 소리였다가 소리 없이 흐느끼는 피에로의 삼켰다 토하는 속울음이었다가

잿빛 하늘이 수평선을 지운 날, 갯바람에 갈매기도 날아가 버린 날 남자는 바위를 때리며 포말로 부서졌다 한 번도 들어본 적 없는 저음이었다

흐린 하늘에서 금낭화 한 송이 툭, 검은 바다 위로 떨어졌다 건반을 눌렀다 파도는 우주에서 가장 큰 풍금 소리로 내 발목을 잡았다

이별처럼 슬픈 풍금 소리를 내는 바다가 있었다

제2부

괴나리봇짐

하늘재 꽃산딸나무 보러 봇짐 싼다 쌈지에 노자도 몇 푼 챙기고 잊지 않고 시집 두어 권 챙겨 넣는다

휘몰이 풍상에 눈 어두워 십자가꽃나무 못자국은 손끝으로나 보는, 따끔따끔 양심까지 꾸렸더니 걸멘 봇짐이 무겁기만 하다

홀아비바람꽃에 니나노가락 장단을 맞추려는데, 채 문경새재 못미처서 멜빵끈이 끊어진다

봇짐에 등은 이미 휘었을 터, 떡갈나무 아래 그늘을 깔고 찬찬히 곱씹는다 가벼워야 멀리 간다는 괴나리봇짐

주인을 기다리는 방

코 고는 소리가 편백 침대를 흔들어 피톤치드 가득한 방, 한겨울 바람 소리가 반야심경 외우고 가는 방

새색시 적 자개농이 병풍처럼 북풍을 막아주고, 화장대 옆구리엔 찌그러진 반짇고리에서 풀린 무명실이 눈치를 보는 방

보름달이 뜨는 밤엔 천주천 물고기가 떼로 뛰쳐나와 파닥거리는 방, 건지산 백로가 유유자적 한가로운 방

아닌 봄날 목련화 피워놓고 주인을 기다리는 방

흔들다리*

뿔나면 황소바람도 못 건너게
흔들어버린다는 다리

기우뚱 하루가 다시
오뚝이처럼 팔딱 일어설 때까지
단련시키는 다리

한 발 한 발,
중심 똑바로
연꽃 향기에 고스란히 정 주고 나면
견딜 만큼만 흔들리는 다리

꾸불텅한 할압씨도
잘만 건너는 흔들흔들 흔들다리

---

* 전주 덕진공원 연화교.

좌광우도

깜박했네, 광어회를 먹으며
우측으로 몰린 두 눈을 생각하는데
오른쪽 눈 흘기는 도다리가 펄떡펄떡
내 뺨을 치네

남폿불 밑 구구단 외우듯
좌광우도 좌광우도, 우물거렸건만

머나먼 마산 바닷가 찾아오는 동안
길 잃고 헤매지도 않았는데 그만
머릿속이 텅 비네

할아버지 곤방대에 부시를 치던 아재가
놋재떨이 꽹과리 치며 춤추라 꼬드길 때,
어금니 깨물며 된장된장
중얼중얼 도리질했던 기억은 아직
말짱한데

우왕좌왕, 혀가 꼬여
좌광우도 우도좌광 한참 우물거리네

눈물도 호강

마땅히 갈 디도 없고
호맹이로 가슴팍 파재끼듯
상추밭이나 쪼다가
동구 밖에 나서는 할매

못 견디게 괴로워도 울지 못하고,
눈물도 호강이제
큼큼 목청 가다듬더니
한 곡조 뽑는다

한숨 돌린 유모차가 홍얼홍얼
할매를 끌고 간다

딱히 갈 디도 없으면서

휘뚜루마뚜루

천장에 거꾸로 매달려 사는
거미가 부러울 때,

휘뚜루마뚜루
무당거미로 살고 싶네

간당간당 떨어질 듯
평생을 사는 거미처럼 나를
허공에 맡긴다면

빈 원고지에 바람 몇 올 채워
거미줄에 걸어놓는다면

찬밥에 물 말아 허기나 지우며
거미줄 놓지 않는다면

휘뚜루마뚜루
덫에 걸린 나방이면 어떠리

딴뚝식당 게국지

소문난 맛집이라는
안면도 딴뚝식당에서 게국지 먹었다
맛도 이름도 별스러웠다

딴뚝,
자고 나면 또 다른 둑이 생겨나서
딴뚝이라고
그때서야 뚱딴지같이
탕 속 꽃게가 어른거렸다

말이지만 사실
짭조름한 고동이 더 맛있었다고
소문내고 싶다고
동행한 양 시인 최 시인 박 시인 모두
딴소리를 해댔다

뚱딴지처럼 간밤에 생겨나서 딴 뚝,
딴뚝식당 게국지 먹고

소문난 게 소문뿐이라고 우리 모두
안면도에서 딴뚝거렸다

붕어섬*

초여름 연초록에 몸 숨긴
붕어 한 마리
애써 눈 굴리지 않아도 구름 지나가니
뭍에 올라 헤엄친다

강줄기 돌아 외따로 홀로 떨어져
외얏날이라 불렀다는
가물수록 살 통통하게 오른다는
물 차오르면 용케도 지느러미 움직인다는
샘까끔이라 불렀다는
한 마리 붕어섬

가문 봄,
오솔길 돌아 카페는 불에 타 흔적도 없고
물 없는 옥정호에 살 오른
붕어 한 마리

---

*옥정호에 있는 붕어를 닮은 섬.

까먹다

썩은 사과나 즐겨 먹어
기억도 썩었나,

벼르고 별러 뮤지컬 표 끊어놓고
깜박, 까먹었다

억울해 원통해 저녁 굶고
아침 굶고, 쓰러져

1박 2일 응급실에 누워 간신히
로얄석 티켓을 까먹었다

우체통

산다는 것이
흔들다리처럼 어지러워
빛바랜 사진 한 장 들고
바람만바람만
연꽃 보러 나왔다

빨간 우체통이 내 맘만 같아
활짝 핀 연꽃잎에
멀고먼 한 자락 기억을 가만 꺼내본다

그립다 보고 싶다, 귀퉁이마저
빨갛게 채운다
하트까지 그려 넣고 잠깐,
먼 하늘 우러른다

고추잠자리 날아와
하늘나라 우편번호 바뀌었다고
귀띔하고 간다

제3부

날 보러 오려거든

여보게 친구
전주에 날 보러 오려거든
교동 한옥마을 골목에 먼저 가
그 돌담 전봇대 아래
제비꽃에 입맞춤해주고 오게나
옛 추억 한 지게 빽적지근하게
짊어지고 오게나
짝다리 짚던
여드름쟁이 그 남학생은
어디서 어떻게 살고 있는지 아직
살아는 있는지
물음 한번 떠보고 오게나
전주천 달빛에 어룽거리는
시절 되찾아 오시게나 꼭
그렇게만 오시게나

겸손

허리 굽혀 자세히 보니
기지개 켜고 있는
봄까치꽃

개불알꽃이라 부르면
까르르 웃음부터 터뜨리는 개구쟁이

마음 빼앗겨본 지 얼마만인가
가녀린 너를 보려
고개 숙이니
코끝에 향기가 맴돈다

오래된 아파트 언덕배기에
피어난 너, 경배한다
불러주지 않아도 너는
그 자리에 피어 있었다

낮은 곳으로부터 봄은 온다

삼례역

두고 온 것에 대한 그리움으로
꿈길 분주했다
무디어진 것에 대한 안타까움으로
가을 햇살 따가웠다

여고 동창생들 몇
삼례역 기찻길에 코스모스 보러 갔다

한낮 태양은 유리조각 같아서
꽃보다 먼저 우리를 찔러댔다
추억보다 먼저 눈이 아팠다

커피 향 가득한 역전 카페
어른거리는 메뉴판 밀어보고 당겨보던 친구
에이 안 보여, 버럭 화를 낸다
연신 눈을 부비는 늙은 소녀들의 목청이
옛 삼례역 기차 화통 같다

겨울 연(蓮)

칼바람에 꺾인 고요
부러진 영혼에도 숨이 숨어 있다
햇볕 한 줌 품고 있다

시절의 절망을 초록으로 틔울
마른 잎맥을 보라,
사라진 뒤란의 수런거림
들리는 듯만 하다

폭설조차 이겨내는 강인함은
내년 봄의 새 인연을 위한 약속일 터

꽃을 위하여
찬란하게 반짝일 이슬방울을 위하여
말라비틀어진 꽃대는
앙금도 품어 꽃피울 태세다

꺾인 겨울 연(蓮)

꽃심의 땅 전주에 오래 살아남으려
덕진 연못 칼바람
오래 버틴다

목련화 필 무렵

순백의 목련화가
허공에 찬란한 봄을 피웁니다
사방이 부시게 반짝입니다
길고 혹독한 추위를 이겨낸 영혼이
하도 맑아
하늘도 파랗게 깊습니다

꽃잎 사이로 기다리는 봄소식
살짝 비껴가고
그리움이 사무치게 피어납니다
빗물처럼 흐릅니다

해마다 목련화 필 무렵,
한 뼘 한 뼘 재며 오신다던 그 사람
꽃잎보다 하얀 그 사람

올해도 목련화만
마당 가득 피었다 집니다

대추나무 집 여자

그늘이 일찍 내리던 마을
대추나무 흙담집에
고향도 모르는 젊은 여자가 혼자 살았다

솥뚜껑처럼 반질반질
이마가 맑던 그 여자네 대추나무는
유난히 윤기가 돌았다

청솔가지 매운 연기를 핑계로 그 여자
무시로 눈물을 쏟았지만
소박맞았을까, 짐작이나 할 뿐
마을 사람 그 누구도 사연 캐묻지 않았다
눈가 촉촉한 여자는
설익은 대추처럼 자주 비릿했다

이유도 없이 해마다,
배불러본 적 없다는 흙담집 그 여자네
대추나무만 주렁주렁 했다

맹꽁이

삼례 역전 카페에 모였네
만경강 상류 물길을
친구들, 목울대 힘주어 풀어놓네

한 말 한 섬, 한 말 한 섬,
옛적 쌀 창고 자리 카페
들썩들썩 맹꽁이가 울었다 하네
맹꽁거리는 친구들이 꼭
논두렁의 맹꽁이 같네

식어버린 커피를 홀짝거리며
휘파람 불던 그 남학생을 호명하네
깜박 깜박 가물거린다며
맹꽁 맹꽁 거리네
한나절이 왁자지껄 흘러가네

더듬더듬 찾아온 고향
일가친척 뿔뿔이 간 곳 모르겠네

흔적 없는 쌀 창고에 맹꽁이가
오래 맹꽁거리네

안면초등학교

안면초등학교 코흘리개들

산새 지저귀는 소리, 꽃피는 소리, 청설모 나무 타는 소리에 귀 기울인다

떡갈나무, 신갈나무, 갈참나무, 나도밤나무, 살구나무, 편백나무, 가시나무…… 가슴팍에 이름표 달았다 하, 고놈들 살구나무만 안면이 있다

목청껏 출석 불러준다 안녕, 초록 이파리로 손짓할 때까지, 햇살이 이파리 틈새 고개 내밀 때까지

땡 땡 땡
공부 끝, 어디선가 환청처럼 종소리 울린다

허리 굽은 소나무

안면도 수목원
허공에 허리 둘둘 감긴 채 꼬부라진
소나무 한 그루 있다

짠 바닷바람 온몸으로 받아들였을
굽은 나무에 기대어 나는
구부러진 못 같은 세월을 헤아려본다

조각보 꿰매듯 하루하루
이어온 나날이었다
망치질이 서툴러 박을수록 구부러지던
못이었다

가슴속 굽은 못을 빼다 말고
수목원 굽은 소나무를 어루만져 본다
나는 몰아치는 비바람
온몸으로 받아들였던가,
장도리 찾던 그 시절 아득하다

꾀꼬리 둥지 틀다

외로움이 꾀꼬리를 불렀다
김 시인이 꾀꼬리 한 가족을 보듬고 왔다

입 크게 벌리며
고개를 높게 쳐드는 새끼부터 먹이 주는
어미는 새끼들 배를 채워주고서야
허기진 제 배를 배설물로 채운다
미련하다
고깃국 먹으면 속이 좋지 않다 하시던
어머니 생각이 오래 났다

둥지 떠날 채비를 하는지
제법 자란 새끼 꾀꼬리들
책꽂이 사이사이 날며 시집을 쪼아댄다
제 갈 길 가려나 보다

혼기도 덜 차 서둘러 출가한 나 같다

제4부

까치밥

감나무 꼭대기
세 들어 사는 까치가 있는데요

그의 셋방은 주인집처럼 초라해서
가끔 별빛이나 친구해 준다는데요

감나무 한 그루 앞마당에 심은 주인의
새벽잠을 깨우는 까치는요
마루와 토방 폴딱폴딱,
이제 까마득한 사람 시늉을 한다는데요

해마다 남겨준 까치밥 위로
까치는 빙빙 날갯짓을 한다는데요

그만 늙어버린 주인은
까치 소리 까치밥 삼아
풀린 다리에 힘을 넣곤 한다네요

수도원에 두고 온 가방

통증보다 먼저 일어나는 새벽
나는 수도원으로 달려갔다
달려가
용서를 청할 이름 빼곡히 적힌 손가방
수도원 대문 앞에 놓고 왔다

아직 미명이었기 때문일까
내 기도는 자주 정처가 없었다

소나무 사이로 부서지는 햇살이
심장 모서리를 찔렀다
찔끔거리며 돌아오던 사순절이었다
목련 꽃봉오리가 아프게 풀리고 있었다
환하게 피어나기 위해선
죄 감내해야 한다는 듯

용서를 청할 빼곡히 적힌 이름이 든 가방
수녀원 대문간에 두고 왔다

용서할 내 마음을 먼저 두고 왔어야만 했다

통증은 오래 가시지 않았다

후회

부부 모임에 다녀온 날이면
마음 한 구석이 씁쓸하다 항상
상처가 남아 있다

몰래 움트는 미움이 생각 흐려놓아
얼굴에 금이 가고
목소리는 허공을 찌르고
가슴에 못 박힌다

도마 위 무 자르듯
흑백을 가르고 싶어,
선악을 구분하느라 참지 못한 말이,
다른 사람을 찔러댄 날엔
내가 간장종지보다도 작아 보인다

용서는
참 어려운 욕심이다

개구쟁이 손자처럼
후회는 늘 저물녘에 찾아든다

부부도 처음엔 남남이었다

가출

때때로 훨훨
어디론가 둥지를 떠나고 싶어진다
표범 등에 올라
초원을 내달리고 싶은 충동이
날개를 다는 날이 있다

말없이 현관문 나서면
가출이다
굴러가는 기차에서 시간을 굴린다
기적 소리 흩어지는 창공
이름 모를 새가 높이 난다

여수 앞바다 뛰어드는 물총새가 되고
통영의 딱새가 된 한나절
기억이 마비되는 마법에 걸렸나 보다
꿈은 비누거품만 같은 것이라서
큰맘 먹고 결행한 가출이 그만
방향을 잃었다

무엇엔가 이끌려 들어선 곳
종탑이 있는 낯선 성당 앞마당이었다
애써 잡은 물고기를 게워내는
가마우지처럼

고백

영혼의 정화를 위하여
지는 꽃잎처럼 춤추며 떨어지겠습니다

바짓단 걷어 올리고
겨울 강을 건너는 고난을 주신 하느님
내 안의 나와 내밀해지겠습니다
내 위선이
흐릿한 영혼을 더럽힐 때
욕심 가득 찬 내 안의 나를 불러보겠습니다

오늘도 견딜 만큼만 주신 시련
감사히 받겠습니다
세상의 군불이 되겠습니다

나로 인해 상처 받은 이들 떠올리며
통회하겠습니다
통회하겠습니다만,
왜, 하느님은 침묵으로 오시는지요

징검다리

마지막이라는 말,
한 마디 그 말이
가슴 깊은 곳에서 꿈틀거린다
시퍼런 강을 만든다

몸 안의 화를 태우려
커피잔에 설탕을 듬뿍 넣는다
좀처럼 설탕, 녹지 않는 잔을 들고
나와 그 사이
그와 나 사이
굳어버린 것으로 징검다리를 놓는다

걸음마 떼듯 두어 걸음만 건너라
제발,
나도 서너 걸음 다가서마
마음 징검돌 된다

신비를 체험하다

그분의 응답 듣고 싶었다
모든 것을 하실 수 있으며
어떤 것도 불가능하지 않음을 믿기에

찰거머리 같은 고통과
시련에서 탈출하고 싶은 간절함이
성서 강의에 내 발길 이끌었다

밤새워 만드셨다는 신부님의 냉커피가
뻣뻣한 뒷목 풀어놓는다
난바다 허우적거리는 절규도 삭힌다

떠돌며 방황했던 신발
죽음의 공포 같은 오랏줄
공포의 우렛소리 들려오는 천장
꼼짝없이 갇힌 고양이처럼 올가미에 걸린 영혼
흐르지 않는 눈물로 씻는다

고통은,

그분을 만날 수 있게 해주는 통로라는

받아들여야 하는 신비라는

음성 들린다

천년을 위하여

—송천동성당 설립 30주년 기념 봉헌 시

성전은
절망을 딛고 일어서는 기쁨이었습니다
슬픔과 아픔을 침묵으로 다독여주는 위로였고
포효하는 사자에게 따뜻한 음식이었으며
고독한 들고양이의 쉼터였습니다
황량한 땅에 뿌려진 씨앗에게 생명의 물이었습니다

긴긴 30년
말씀의 이정표 찾아서
나 자신 성찰할 줄 아는 지혜 터득하였습니다
동틀 녘 찬란한 빛과 같은 믿음 얻었습니다

소리 없이 울리는 종소리는
멸시 받고 배척당하는 사람과
걱정, 근심, 불만에 쌓인 형제자매와
병고의 시련 속에서 힘들게 하루를 사는 이에게
희망이었습니다
고통을 통해서 당신 모습이 보입니다

'주여 임하소서 내 마음에/암흑에 헤매는 한 마리 양을'*

방황했을 때 자비의 음성으로 맞이해 주었으며
생의 계단에서 흔들리는 손 붙잡아준 송천동성당이었습니다

아무렇지도 않게 발에 차이는 돌멩이와
성당 모서리를 휘돌아 가는 바람과
초대하지 않아도 먼저 일어나는 태양,
간절한 기도에 담아
다다음 천년을 위해 당신께 바칩니다
엎드려 바칩니다

---

*『가톨릭 성가』 151번에서 따옴.

침묵으로 오시는 성모 마리아

성모 마리아는
인력시장 담장 아래 납작 엎드린
키 작은 민들레다
풀죽은 어깨들
시름 날려 보내는 담배 연기다
반 지워진 이력서 같은 지문이다

성모 마리아는
얼음 위에 피는 꽃이다
감기처럼 내게 온 손님이다
의지가지없는 노부부
밤마다 눈물 적시는 베갯잇이다
링거 줄에 목숨 매달고 사는
담벼락 마지막 잎새 같은 휠체어다

성모 마리아는
지붕 낮은 집 닫힌 대문이다
소리 없이 날아와 퍼지는

민들레 홀씨다
내가 잘못을 통회할 때, 빙그레
성모 마리아는 침묵이다

응보(應報)

중복 한낮에
무슨 각오가 깊었던지요
수첩에 널려 있는 낱말들
원고지에 쓸어 담아
조심조심 엮어 보았는데요

하, 까마득히
예약해놓은 삼계탕을 까맣게
그만 잊은 건데요

아차,
닭 볏에 쭈뼛쭈뼛 돋은
응보라는 단어가
가물가물 훼방을 놓았는데요

하잘 것 없는 시 한 편도 못 건진
그만 쫄딱 굶은
중복 날이었습니다

제5부

꽃버선

어머니의 슬픈 꿈이었을까,
외갓집 낮은 담장 아래 봉선화 비밀 같은
붉어지는 이유를 품고 살아, 나는
꽃버선 신고 도라지 춤을 추어야 했다

눈부신 날개의 춤 살포시 발 들어
다홍색 치마 걷어 올리면
노랑 저고리 소매 끝으로 어머니는
청춘을 지폈다

꽃버선 신고
단발머리 딸이 나비처럼 사방을 휘돌면
어머니는
긴 한숨을 문풍지가 흔들리도록 내쉬곤 했다
억눌렸던 한이
실오라기처럼 풀어진다고 했다

전주천 빨래터

광주리에 이불 홑청 가득,
아버지와 싸우신 날이다

한벽당 휘도는 전주천 바람이
양철대문 열어젖히고
냇가로 빨래 광주리를 이고 갔다
고무줄 늘어진 몸빼보다
어머니 허리가 더 늘어져 보였다

땟국 절은 홑청, 치대다 주무르다
방망이로 한나절 두드려 팼다
빨래 삶은 솥단지에 눌어붙은
양잿물 자국은 쉬 지워지지 않았다
중얼중얼 흉보는 소리도
방망이 소리에 묻히던 빨래터

아버지 가시고 이듬해 어머니
뒤따라가시고

올해도 서러운 갈대꽃만 전주천에
피고진다

그 집에 가고 싶다

백일홍 상사화가
동틀 녘 꽃봉오리 풀던 집
장독 뚜껑 열어놓은 채
토막잠 든 어머니의 치맛자락
정지문이 잡아당기는 집
하모니카 소리가 담장 너머로
불러내던 집

사금파리로 소꿉놀이하던 집
여름방학 평상에 누워
북두칠성으로 사발 가득 수제비 퍼 담던
꼼지락 꼼지락 이불 속에서 읽던
삼류 연애소설책이 있던 집
장화홍련전 듣던 동생의 눈동자가
동그랗던 집

멍석 위에 토란대 말리는 집
도리깨질한 참깨를 까불어 채로 치는 집

긴 한숨 내쉬던 아버지 굽은 등허리에
가을이 깊어가는 집

색동인형 만들며 죽도록 살고 싶은 집

완산동 바람골목

완산칠봉 아래 꺼진 골목
문패 없는 집들이 빼곡했다
전주천 초록바위 휘도는 바람이
제 맘대로 드나드는 고샅,
동이 트면 매곡교 햇살 꼬부라지는 집들은
바지랑대 받쳐도 눈물 마를 날 없었다

너나 나나 멀건 콩나물국 한 그릇으로
아침을 때우던 동네
자반고등어라도 굽는 할아버지 생신날엔
옆집 입맛 다시는 소리가
울타리를 넘어오곤 했다

새파란 청춘들 들썩이던 바람골목
삐딱한 전당포 간판이 밤새도록
알전구 켜놓고
청춘을 저당 잡곤 했다

빚쟁이 치맛자락 보이면 후다닥
숨겨주던 골목,
지금은 없는 옛사람들 겹쳐 보인다

봄은 한 뼘 창으로 온다

한 뼘, 그 남자에겐 우주다

봄은 한 뼘 창밖으로 온다
담쟁이덩굴처럼
고층 아파트 콘크리트 벽으로 오고
가로수 잔가지 연둣빛으로 온다
굴릴 수 없는
휠체어 바퀴를 굴리며 찾아온다

창문 넘어 들리는 대금 소리에
목련화 첫 봉오리 세상에 내놓는다
소소리 바람은 허공에
흘러가는 구름 끌어당겨
봄꽃 옮기느라 바쁘다

전주천 노니는 왜가리의 긴 다리와
은빛 피라미와
아이들 물장구 소리가, 꿈결 같다

한 뼘 창밖 오는 봄을 재촉한다

우주를 끌어당기는 거대한, 한 뼘

꽃심의 터를 걸어보렴

구름편지 띄운다, 딸아

연꽃 바람 부는 덕진공원에 가보렴
꽃창포 물억새와 악수해보렴
아, 연지문 들어서기 전 뻥튀기 한 봉지 사
바삭바삭 부서질 때
너그러운 아픔이
얼마나 고소한지 맛을 보렴
새끼 청둥오리를 위해
물갈퀴질 어미 오리에게 눈길 주어보렴
한 송이 연(蓮)을 위한 진흙탕 속 뿌리의 노동도
헤아려보고
전주를 거슬러보렴

자줏빛 괴불주머니꽃 따라
후백제 견훤 떠올리며
천년 고도 찬찬히 걷다 보면
『혼불』 꽃심을 탐독하게 될지도 모르지

딸아,

답장 대신 꼭 한번 가보렴

인봉리 소낙비

찌그러진 강아지 밥그릇과
오그라진 양은 주전자와 텅 빈 쌀항아리에서

쑥떡같이 시커먼 먹구름에서
어머니는 소낙비를 몰고 온다

인봉리 쏟아지는 소낙비가
삐거덕거리는 정지문 모서리를 치받는다
쪼가리 같은 하루를 꿰맨다
비설거지 끝낸 처마 끝 거미줄도 팽팽하다

눈물 같은 비를 받은 토란잎은
무거워 진저리 친다

생각을 길어 올리다

소갈딱지 없이 무심코
흠집 많은 자개장롱 열어보니
함박꽃 화들짝 피어 있다

흰 강보에 쌓인 배내옷 세 벌
짝짜꿍 짝꿍 도리도리 한다

갑자기 부풀어 오르는 젖가슴
젖몸살 하는지, 아프다

벗겨지고 긁힌 상처
오랜 시간 발자국 거울 속에서
활동사진처럼 흔들렸겠다

휘청,
함박꽃이 생각의 마실 길에서
달빛 재롱 피우고 있다

봄소식

한 번 불어 흔들고
또 한 번 불어 더 흔드는,
바람이 멈추자
본래의 색이 움튼다

연초록 소쿠리에 넘치도록 담아
당신에게 주고 싶다

가본 적 없는 지평선이
멀찌감치 길게 엎드리더니
하늘과 땅 경계를 지웠다
초록 파랑들 밭고랑 틈새로 꼼지락거린다

버들개지에 매달린 봄기운 서너 개 꺾어
벼랑 끝 난간으로 끌고 간다
휘어진 홍매화 가지에 걸어본다

초록 대파 밭 사이로

빼꼼히 훔쳐보는 봄 냄새
보자기에 한가득 싸다가
당신께 전하리

탱자나무 울타리

덕진공원이 멀리서 보이는 집
울타리에 매달린 노란 탱자가
어둠 속 별처럼 반짝거렸었다

유자가 아니라 늘 천덕꾸러기였다
오빠는

사시사철 가시를 품고 살았다
비위짱 틀어지면 아무 데나 찌를 듯 덤볐다
탱자나무처럼

마루에 걸린 거울 앞에서
왼손을 들면 거울은 왜 오른손을 드느냐고
늘 아프게 저를 찔렀다

아랫목 솜이불 속 밥그릇이 식어 가면
탱자나무는
찌를 듯 아픈 가시를 마당에 부려놓고

대취한 아버지를 업고 왔다, 늘
우리 집 가시 울타리였다

몸빼바지

"참을 만큼 아픔을 주시는 주님께 감사드리고 있어, 언니"

몸빼바지 입으면 더 멋있는 동생은
육이오 전쟁 아침, 세상에 왔다가
어머니 제삿날 하늘로 갔다

그 후, 만나는 사람은 모두
마지막일지도 모른다는 공포로 다가온다
어둠이 은행나무 잎에 노란 물감 뿌리고
벚나무 잎엔 붉은 색칠했나 보다

참을 만큼 참으면 이별일 거라는 믿음으로
나무는 잎을 떠나보내는 연습을 하겠지
아픔을 보고픔을 견디어내겠지,
생각이 낙엽이 된다

몸빼바지 입은 헐렁한 느티나무 몸통에서
종일 귀뚜라미 소리가 난다

자꾸 뒤돌아보는 습관이 생겼다
이별 연습으로 혼자 걷는다

처방전

백 살 넘으신 이모를 만나면
어머니 웃음과 눈물과 목소리가 보인다
팥칼국수 먹는 여름엔
어머니 솜씨가 입맛을 돋군다

입맛 다실 것 주어야 하는디 암 것도 없네,
주방 오가며 냉장고 문 여닫는 기력
아직 꼿꼿하시다
아주까리 잎에 무명실 칭칭 감아
열 손가락 봉선화 꽃물 들여 주시던
꽃색시 생각 뭉클하다

아픈 디가 한두 간디가 아녀,
먹을 것 만고 입을 것 흔코 근디
이별할 날 가차워지니 혼자 있으면 쓸쓸혀야,
고요가 방 안을 파도처럼 휩쓸고
이별이란 말이 뜨겁게 목울대를 넘는다

안방 문 열고 나오시면서 이모는

쓸쓸헌 병은 잠자버리면 몰러, 하신다

손수건

네잎클로버 수놓아진
하얀 손수건은 항상
어머니 속치마 봉창 속에 숨어 살았다

큼직한 손수건은
눈치코치 빠르고 냄새도 잘 맡았다
어쩌다 잔칫집에 가면
살금살금 깨금발 외출을 했다

밥상 아래 펼쳐놓고
무지개떡, 고기 전, 유과 정과 눈치 볼 것 없이
제 집인 양 수북하게 싸 담았다

육촌 언니 혼례식에 간 어머니의
발자국 소리보다
더 기다려지던 행운의 그 하얀 손수건

해설

손잡지 않아도 서로 온기를 느끼는 사이

최서진 시인·문학박사

1. 나무와 나무 사이 가깝고도 먼 적멸

수많은 시간의 침묵을 나무는 나무대로 새는 새대로 받아 안고 있는 시집이 있다. 시인에게 시집은 집과 같다. 그 집에서 부는 바람의 자서전이다. 어두운 밤에 시인이 지나간 손끝의 흔적을 따라가면 깊은 우물이 있는 집에 도착한다. 그곳에는 기억과 어둠이 짙어서인지 별들이 총총 빛난다. 이소애는 그의 삶의 처소에서 아득하게 누군가를 부르며 두 팔을 벌려 그것을 안으려 한다. 하여, 지금의 삶이 주는 공허도 얼마쯤은 두렵지 않을 수 있을 것 같다. 어떤 절망의 순간에도 시를 짓는 섬세한 날갯짓이 떨림으로 빛난다. 시인의 언어는 이렇듯 최초의 아이처럼 태어난다. 삶의 진실에 가닿으려는

행간들 사이에 조용하고 섬세한 풍경을 끼워 넣는다.

이소애가 추구하는 시적 행보는 사물들의 이름을 부르며 그것을 기억하는 '사이'에서 탄생한다. 마음이 머무는 곳은 시간의 어디인가. "사랑한다 천만 번 쓰고/여관방 아랫목을 덥혔던/그 맹세 굳게 믿었다"(「무창포 해당화」)는 진술은 어느 특별한 꽃의 고백이다. 그것은 무창포 해변에 울리는 음악이고, 굳게 믿었던 사랑의 상징이다. 해변에 놓고 온 사랑의 기억이 혼잣말처럼, 외로운 흔들림의 결을 파도처럼 만들어내고 있다. "빈 의자에 나앉은 아침 이슬처럼/스러질지도 모를 청춘이 두려웠지"(「회고」)라는 말을 통해 시는 존재를 탐색하고 청춘을 회고해내는 것이다. 그리하여 시적인 언어는 언어를 넘어서 맥박이 뛰는 '청춘'이라는 집에 닿는다. 회고를 통해 아득한 청춘에 도착하는 것. 그에게 바람은 머무르지 않고, 세월은 흘러가며, 삶이라는 화두는 계속 이어질 것이다.

그림자 서로 밟지 않을 만큼
소슬바람에 숨소리 전해질 만큼
어쩌다 눈빛만 보아도 뜨거움 느낄 만큼
눈가의 물빛만 보아도
가슴 찡하게 울려올 만큼
손잡지 않아도 서로 온기를 느끼는
사이

부둥켜안지 않아도 언제나 느끼는
내 마음 항상 당신 뜻대로 바꿀 수 있는
눈으로 보고 마음에 담는, 그 간격
나무와 나무 사이

—「나무와 나무 사이」 전문

이 작품은 '간격'이라는 언어를 통해 시인으로서의 자의식을 토로하고 있다. 나무와 나무 사이, 그리고 사람과 사람 사이에도 반드시 간격이 필요하다. 그 사이에 들어앉은 시간을 통해 스스로 질문하고 특별한 사유를 만들어낸다. 사이에 부는 바람에도 사랑과 용서가 존재한다. 그리고 당신과 나는 꽃처럼 어디선가 만난다. "그림자를 서로 밟지 않을 만큼"의 간격은 존경과 사랑의 가장 적당한 간격이다. "눈가의 물빛만 보아도" 상대를 이해하는 애정 어린 응시와 진솔한 마음이 그려내는 사랑의 온기에 귀를 기울인다. "손잡지 않아도 서로 온기를 느끼는 사이"를 나무로 형상화하며 진솔한 시간을 깊이 있게 빚어낸다. "나무와 나무의 사이"는 우리의 세계를 희망으로 바꾸어내는 사랑이라는 풍요로운 자산이 들어 있다.

풍금 소리를 더 멀리 내보내기 위해 부서지도록 건반을 눌렀다 건너뛰다가 이어지던 파도 소리 아직 유효하다 기억 속 남자는 파도처럼 울었다

선착장 장돌뱅이처럼 울대 찢는 소리였다가 소리 없이 흐느끼는 피에로의 삼켰다 토하는 속울음이었다가

잿빛 하늘이 수평선을 지운 날, 갯바람에 갈매기도 날아가 버린 날 남자는 바위를 때리며 포말로 부서졌다 한 번도 들어본 적 없는 저음이었다

흐린 하늘에서 금낭화 한 송이 툭, 검은 바다 위로 떨어졌다 건반을 눌렀다 파도는 우주에서 가장 큰 풍금 소리로 내 발목을 잡았다

이별처럼 슬픈 풍금 소리를 내는 바다가 있었다

—「풍금 소리가 들리는 바다」 전문

"이별처럼 슬픈 풍금 소리를 내는 바다가 있었다" 그곳은 내면의 바다를 암시한다. 인간은 이별하는 운명을 갖고 태어났다. "풍금 소리를 더 멀리 내보내기 위해 부서지도록 건반을" 누르는 발은 바다의 속성과 일치한다. 타인과의 이별은 물론이고, 나 자신과도 어디쯤에서는 이별해야 한다. 페달을 밟아서 바람을 넣어 소리를 내는 풍금 소리가 운명을 바라보는 자기장 안에서 흐느낀다. "흐린 하늘에서 금낭화 한 송이 툭, 검은 바다 위로 떨어졌다"는 문장이 가슴에 검게 스며든다. 밤의 바다에서 적막한 물살에 떠다닐 꽃송이. 사라지는

누군가의 영혼을 다독이며 "가장 큰 풍금 소리로 내 발목을 잡"는 수면의 무늬가 파도 소리처럼 애잔하다. 끊어질 듯 이어지는 바다의 이미지를 능숙한 풍금 연주자처럼 빚어내고 있다.

2. 오래된 외로움을 펼치며 고통을 달래는

하늘재 꽃산딸나무 보러 봇짐 싼다 쌈지에 노자도 몇 푼 챙기고 잊지 않고 시집 두어 권 챙겨 넣는다

휘몰이 풍상에 눈 어두워 십자가꽃나무 못자국은 손끝으로나 보는, 따끔따끔 양심까지 꾸렸더니 걸멘 봇짐이 무겁기만 하다

홀아비바람꽃에 니나노가락 장단을 맞추려는데, 채 문경새재 못미처서 멜빵끈이 끊어진다

봇짐에 등은 이미 휘었을 터, 떡갈나무 아래 그늘을 깔고 찬찬히 곱씹는다 가벼워야 멀리 간다는 괴나리봇짐

—「괴나리봇짐」 전문

시인은 우리 앞에 먼 길을 떠나는 「괴나리봇짐」을 보여준

다. 여행자에게 필요한 봇짐을 부각시켜, 시업(시집 두어 권 챙겨 넣는)의 의미를 묘파하고 있는 듯하다. 「괴나리봇짐」의 이미지를 통해 우리 모두를 여행자로 전환시킨다. 그것은 끝없이 떠돌아야 하는 현실을 벗어나는 것, 혹은 험난한 시 쓰기의 현실 자체이다. 시는 연금술의 일종이다. "시집 두어 권 챙겨 넣는" 존재의 봇짐이 가볍지만은 않다. 그 길 위에서 "멜빵끈이 끊어진" 존재는 방향을 잃는다. 그리고 오래 오래 생각한다. "떡갈나무 아래 그늘을 깔고 찬찬히 곱씹"으며 고독을 두꺼운 그늘처럼 담담하게 전달한다. 시인의 그늘이 사유의 넓이를 만들고 삶의 여행에 관여한다. 그리고 "가벼워야 멀리 간다는 괴나리봇짐"이라는 아픈 성찰에 이른다. 시는 현실 속으로 뚫고 들어간다. 시인의 자화상을 감싸 안으며, 시업의 지난한 삶을 깨달아 가고 (가벼워야 멀리 간다) 있는 것이다.

산다는 것이
흔들다리처럼 어지러워
빛바랜 사진 한 장 들고
바람만바람만
연꽃 보러 나왔다

빨간 우체통이 내 맘만 같아
활짝 핀 연꽃잎에

멀고먼 한 자락 기억을 가만 꺼내본다

그립다 보고 싶다, 귀퉁이마저
빨갛게 채운다
하트까지 그려 넣고 잠깐,
먼 하늘 우러른다

고추잠자리 날아와
하늘나라 우편번호 바뀌었다고
귀띔하고 간다

—「우체통」 전문

시가 드러내는 우리의 모습은 무엇인가? 옥타비오 파스는 "사랑은 죽음으로 귀결되지만, 우리는 태어나면서 그 죽음으로부터 빠져나온다"고 말한다. 사랑은 죽음이며 탄생이다. 사랑은 존재의 창조다. 그때 창조되어지는 존재는 우리 자신이다. 사랑의 상실을 노래하는 「우체통」을 읽는다. 그 오래된 빨간 우체통 사이에서 우리는 날마다 머물고 있다. "빨간 우체통이 내 맘만 같아/활짝 핀 연꽃잎에" 이르러 기억이 시작된다. 매순간마다 그리움의 기억을 붙잡고 경험은 드러난다. "하트까지 그려 넣고 잠깐,/먼 하늘을 우러"르는 시간이다. 어떤 전언을 기다리며 이 세계가 그리움과 이별의 시간으로 가득 차 있음을 드러내 보여주고 있는 것이다.

3. 해질녘 코스모스와의 동행

두고 온 것에 대한 그리움으로
꿈길 분주했다
무디어진 것에 대한 안타까움으로
가을 햇살 따가웠다

여고 동창생들 몇
삼례역 기찻길에 코스모스 보러 갔다

한낮 태양은 유리조각 같아서
꽃보다 먼저 우리를 찔러댔다
추억보다 먼저 눈이 아팠다

커피 향 가득한 역전 카페
어른거리는 메뉴판 밀어보고 당겨보던 친구
에이 안 보여, 버럭 화를 낸다
연신 눈을 부비는 늙은 소녀들의 목청이
옛 삼례역 기차 화통 같다

—「삼례역」 전문

기억의 심연에 가라앉은 시적 경험이 절박한 심정을 갖게 한다. "두고 온 것에 대한 그리움으로/꿈길 분주"한 곳에서 시는 만남의 가능성을 연다. 그것은 이별을 포함하는 삶이고, 인간의 자유는 그것에 뿌리를 내리고 있다. “여고 동창생들 몇/삼례역에 코스모스 보러 갔”던 경험은, 어느새 노안이 든 눈에 ‘태양빛’이 찔러대는 통증을 가져다준다. 낡아가는 인간의 황폐함이 자리 잡은 삼례역의 풍경이다. 인간의 욕망은 초월을 요구한다. 우리 스스로를 초월하는 것이 삶이기 때문이다. 아름답게 피어 있는 코스모스를 보는 것보다, 아프게도 인간의 실존이 더욱더 절박해진다.

안면도 수목원
허공에 허리 둘둘 감긴 채 꼬부라진
소나무 한 그루 있다

짠 바닷바람 온몸으로 받아들였을
굽은 나무에 기대어 나는
구부러진 못 같은 세월을 헤아려본다

조각보 꿰매듯 하루하루
이어온 나날이었다
망치질이 서툴러 박을수록 구부러지던
못이었다

가슴속 굽은 못을 빼다 말고

수목원 굽은 소나무를 어루만져 본다
나는 몰아치는 비바람
온몸으로 받아들였던가,
장도리 찾던 그 시절 아득하다

—「허리 굽은 소나무」 전문

「허리 굽은 소나무」가 버텨온 시간의 깊이만큼 고단한 삶을 짐작케 한다. 안데르센은 "자신이 살아온 인생사가 바로 자신의 작품에 대한 최상의 주석이 될 것"이라는 말을 남겼다. 이소애의 시편을 읽다 보면 시편 하나하나의 심상(心象)이 자신의 삶에 등 돌리지 않고, 열렬히 살아온 자의 내면 풍경과 겹쳐진다. 그는 "허공에 허리 둘둘 감긴 채 꼬부라진/소나무 한 그루 있다"며 해변에 존재하는 그 소나무 앞에 서 있다. 통증의 무늬를 새긴 삶을 피하지 않고 당당하게 서 있는 소나무는 바슐라르의 개념을 빌려 말하면 '존재 자체가 하나의 불꽃으로 연주'된다. 존재는 "구부러진 못 같은 세월을 헤아려본다". 삶에 예의를 갖추는 극진한 모습을 엿본다. "조각보 꿰매듯 하루하루/이어온 나날"은 어느새 존재의 삶이 된다. 그것은 "망치질이 서툴러 박을수록 구부러지던/못이었다"고 아프게 고백한다. 서툴렀지만 사랑하고 아팠던 시간을 상징적이며 미학적으로 그 의미를 부여하고 있다. "허리 굽은 소나무"는 주체의 현실태적인 내면 풍경을 그리는 데 적

절하게 가담한다 "가슴속 굽은 못을 빼다 말고/수목원 굽은 소나무를 어루만져 보"는 것. 자기연민에 빠지지 않은 채, 자기 갱신을 시도하려는 자의 진솔한 삶의 풍경이 애틋하다.

어머니의 슬픈 꿈이었을까,
외갓집 낮은 담장 아래 봉선화 비밀 같은
붉어지는 이유를 품고 살아, 나는
꽃버선 신고 도라지 춤을 추어야 했다

눈부신 날개의 춤 살포시 발 들어
다홍색 치마 걷어 올리면
노랑 저고리 소매 끝으로 어머니는
청춘을 지폈다

꽃버선 신고
단발머리 딸이 나비처럼 사방을 휘돌면
어머니는
긴 한숨을 문풍지가 흔들리도록 내쉬곤 했다
억눌렸던 한이
실오라기처럼 풀어진다고 했다

—「꽃버선」 전문

치열한 삶의 복판으로 어머니와 시인은 길 하나를 열어놓는다. 삶의 무게로 온몸으로 울어야 했던 시간이 "억눌렸던 한"으로 기록된다. 「꽃버선」이 꽃잎을 연다. "봉선화 비밀 같은" 삶의 비애감이 긴 여운을 남긴다. 어머니의 희망과 사랑은 "꽃버선 신고/단발머리 딸이 나비처럼 사방을 휘도"는 자취였을 것이다. 이제는 딸도 어머니의 나이를 넘어 슬픈 꿈을 꾸고 있다. 우리가 지각할 수 있는 것은 삶의 흔적이다. 그 시간의 매듭 속에는 인간의 기쁨과 슬픔이 서려 있다. 사람과 사랑의 빛깔이 느껴지는 꽃버선에서 어느덧 아픈 꽃이 돋아난다.

4. 붉은 인연에 닿았던 기억을 바라보다가

리듬은 우주의 생생한 연주의 이미지이며 법칙이다. 우주의 리듬은 모이고 흩어지고 다시 모임으로서 스스로 미학을 완성한다. 사랑이나 계절의 형태도 우주적 질서의 리듬으로 드러나는 것이다. "화장대 거울 속/화장기 없는 내가, 나를/물끄러미 바라보네//한순간 지나버린 반백년/흰 꽃대가 만든 매듭이 아프네"(「참회」) 줄기에서 피는 꽃처럼 인간의 삶의 매듭마다 저 너머로 가는 리듬이 형성된다. 진실로 자신과 함께 홀로 있는 사람은 결코 외롭지 않으리라 믿으며.

백일홍 상사화가
동틀 녘 꽃봉오리 풀던 집
장독 뚜껑 열어놓은 채
토막잠 든 어머니의 치맛자락
정지문이 잡아당기는 집
하모니카 소리가 담장 너머로
불러내던 집

사금파리로 소꿉놀이하던 집
여름방학 평상에 누워
북두칠성으로 사발 가득 수제비 퍼 담던
꼼지락 꼼지락 이불 속에서 읽던
삼류 연애소설책이 있던 집
장화홍련전 듣던 동생의 눈동자가
동그랗던 집

멍석 위에 토란대 말리는 집
도리깨질한 참깨를 까불어 채로 치는 집
긴 한숨 내쉬던 아버지 굽은 등허리에
가을이 깊어가는 집

색동인형 만들며 죽도록 살고 싶은 집

—「그 집에 가고 싶다」 전문

「그 집에 가고 싶다」는 존재의 동화적인 목소리를 듣는다. "색동인형 만들며 죽도록 살고 싶은 집"은 회귀본능을 가진 인간의 삶의 과정을 치유하고 회복시킨다. "백일홍 상사화가 /동틀 녘 꽃봉오리 풀던 집"은 그리움으로 가득 차 있다. 존재는 온힘을 다해 옛날을 떠올리며 이제는 없는 집을 호명한다. "긴 한숨 내쉬던 아버지 굽은 등허리에/가을이 깊어가는 집"이다. 존재는 세계의 소멸을 통증으로 겪는다. 집은 어머니와 아버지라는 이름의 집이다. 매일 조금씩 소멸하는 방식으로 우리는 정말 그 집에서 너무도 멀리 와버린 것이다. 시는 온몸으로 밀고 나가는 것이라는 말을 떠올린다. 시인은 온몸으로 사람의 노래를 부르고 있다.

네잎클로버 수놓아진
하얀 손수건은 항상
어머니 속치마 봉창 속에 숨어 살았다

큼직한 손수건은
눈치코치 빠르고 냄새도 잘 맡았다
어쩌다 잔칫집에 가면
살금살금 깨금발 외출을 했다

밥상 아래 펼쳐놓고
무지개떡, 고기 전, 유과 정과 눈치 볼 것 없이

제 집인 양 수북하게 싸 담았다

육촌 언니 혼례식에 간 어머니의
발자국 소리보다
더 기다려지던 행운의 그 하얀 손수건

—「손수건」 전문

「손수건」에 담겨진 "무지개떡, 고기 전, 유과 정과"는 존재의 어머니와 다정하게 겹친다. 그 사랑이 삶 전체로 확산된다. 상처로 아픈 인간의 숲에서 때로는 삶의 희망과 행운이 있다고 믿는 것은 목이 메어지는 '어머니'라는 손수건 때문일 것이다. 인간에게 주어진 최고의 사랑은 모성임을 부인할 수 없다. 세상의 가장 안쪽에 있는 사랑을 보여주려는 듯 어머니의 사랑이 손수건 속 행운으로 재창조된다. "네잎클로버 수놓아진" 손수건의 실체는 고요하고 깊은 사랑이다. 어머니다.

5. 꽃피는 시간의 침묵 뒤, 시가 태어난다

우리는 가끔 길을 잃게 된다. 그러나 어느 곳에서나 길을 만나게 된다. 늘 교차로에 서 있는 것이다. 인간은 어떤 순간에도 다음의 순간이 무엇을 가져다줄지에 대해 모르고 있다. 벤야민은 "현존하는 것을 파편으로 만드는데, 그것은 파편 그 자체를 위해서가 아니라, 그 파편을 통해 이어지는 길을 위해서"라고 말한다. 우리는 인생의 파편적 경험을 통해 우리의 길을 완성해 나간다. 시인은 비린내 가득한 구름을 품고서 고행의 과정을 걸어왔다. 그러므로 이 시집은 이소애의 경험적 파편들이 방랑의 무늬를 새기며 길을 만들어낸 빛과 소리의 시간임을 짐작할 수 있다.

통증보다 먼저 일어나는 새벽
나는 수도원으로 달려갔다
달려가
용서를 청할 이름 빼곡히 적힌 손가방
수도원 대문 앞에 놓고 왔다

아직 미명이었기 때문일까
내 기도는 자주 정처가 없었다

소나무 사이로 부서지는 햇살이
심장 모서리를 찔렀다
찔끔거리며 돌아오던 사순절이었다
목련 꽃봉오리가 아프게 풀리고 있었다
환하게 피어나기 위해선

죄 감내해야 한다는 듯

용서를 청할 빼곡히 적힌 이름이 든 가방
수녀원 대문간에 두고 왔다
용서할 내 마음을 먼저 두고 왔어야만 했다
통증은 오래 가시지 않았다

—「수도원에 두고 온 가방」 전문

"아직 미명이었기 때문일까/내 기도는 자주 정처가 없었다"는 마음의 소리가 가랑잎 부서지는 소리처럼 들린다. "용서를 청할 빼곡히 적힌 이름이 든 가방"을 따라 늦가을의 저녁이 깊어간다. 이쯤에서야 비로소 뜨거운 수평선도 내려놓을 수 있겠다. "용서할 내 마음을 먼저 두고 왔어야만 했다"는 깨달음이 별빛처럼 쏟아진다. 인간사의 간극은 우리에게 무수한 통증을 손에 쥐어준다.

낙엽을 그러모아 물끄러미 바라보는 저녁이다. 그의 시편에서는 결별의 흔적이 애잔한 무늬를 이루고, 애도 되지 못한 상흔의 오래된 풍경들이 펼쳐져 있다. 우리가 날려 보냈거나 놓친 풍선들은 지금 어디쯤에서 비행 중일까. 먼 곳을 응시하는 우리의 눈은 그리움의 방향을 따라간다. 그는 슬픔의 구체적인 시간을 상상하도록 만드는 재주가 있다. 여러 편의 시에서 그늘이라는 말을 떠올리게 한다.

이소애 시인의 심연을 들여다보는 일은 코끝을 맵게 고문하는 일이다. 손끝도 아리게 한다. 어둠 속에서도 앞으로 나아가고 있다. 그 손끝에서 쓰인 시들이 코스모스의 하늘처럼 푸르다. 묵묵히 자신의 '존재'를 받아들이며 그것을 시의 영토로 데리고 간다. 겸허한 의지가 노을빛처럼 깊은 색을 머금고 있다. 시인의 시적 여행은 아주 긴 기차를 타고 계속될 것이다. 그리운 것들을 데리고 달의 표면에 음악처럼 가닿을 것이다.

이 도서의 국립중앙도서관 출판시도서목록(CIP)은 서지정보유통지원시스템 홈페이지(http://seoji.nl.go.kr)와 국가자료공동목록시스템(http://www.nl.go.kr/kolisnet)에서 이용하실 수 있습니다.(CIP제어번호: CIP2017029622)

문학의전당 시인선 0272

수도원에 두고 온 가방

초판 1쇄 인쇄 2017년 11월 10일
초판 1쇄 발행 2017년 11월 17일
지은이 이소애
펴낸이 고영
책임편집 서윤후
디자인 헤이존
펴낸곳 문학의전당
출판등록 제2017-000002호
주소 서울시 마포구 마포대로 11길 91, 3층
전화 02-852-1977 팩스 02-852-1978
전자우편 sbpoem@naver.com

ISBN 979-11-5896-346-0 03810

* 이 시집은 2017 전라북도와 전북문화관광재단 지역문화예술육성 지원사업의 지원을 받아 제작되었습니다.